마르코 폴로의 비단 지갑

글 게리 베일리 · 캐런 포스터
그림 레이턴 노이스 · 캐런 래드퍼드
옮김 김석희

밝은미래

글

게리 베일리 캐나다에서 태어나 대학에서 역사학을 공부했으며, 중학교에서 학생들을 가르쳤습니다. 어린이를 위한 교양 도서를 주로 썼으며, 특히 역사와 과학에 관한 것이 많습니다. 지은 책으로 〈고대 문명〉〈동물들도 말을 한다〉〈365일 역사〉 등이 있습니다.

캐런 포스터 대학에서 임상심리학을 공부했습니다. 사람들이 당연하다고 여기는 것을 남달리 생각하기를 좋아합니다. 현재 포틀랜드에 살면서 미국 전역을 여행하는 걸 즐깁니다.

그림

레이턴 노이스 영국 캠버웰 칼리지에서 예술학을 전공하고, 이후 약 70권의 어린이 책에 그림을 그렸습니다. 날마다 더 나은 그림을 그리기 위해 항상 노력하는 일러스트레이터입니다.

캐런 래드퍼드 대학에서 일러스트레이션을 공부했습니다. 언제나 즐겁게 그림을 그리려고 노력하는 일러스트레이터입니다.

옮김

김석희 서울대학교 인문대 불문학과를 졸업하고 대학원 국문학과를 중퇴했으며, 1988년 한국일보 신춘문예에 소설이 당선되어 작가로 데뷔했습니다. 영어·프랑스어·일어를 넘나들면서 〈초원의 집〉 시리즈 〈모비 딕〉〈삼총사〉〈해저 2만 리〉〈로마인 이야기〉〈꽃들에게 희망을〉〈오즈의 마법사〉〈이상한 나라의 앨리스〉〈하룬과 이야기 바다〉 등 2백여 권을 번역했고, 역자 후기 모음집 〈번역가의 서재〉와 귀향살이 이야기를 엮은 〈이 또한 즐겁지 아니한가〉 등을 펴냈으며, 제1회 한국번역상 대상을 수상했습니다.

그레이트 피플

마르코 폴로의 비단 지갑

초판 7쇄 발행 2022년 6월 29일

펴낸이 도승철 | **펴낸곳** 밝은미래 | **등록** 2005년 5월 2일 (제105-14-87935호) | **주소** 경기도 파주시 회동길 349 3층
전화 031-955-9550 | **팩스** 031-955-9555 | **홈페이지** http://www.bmirae.com
편집 송재우 고지숙 | **디자인** 윤수경 | **마케팅** 김경훈 | **경영지원** 강정희 | **홍보** 박민주
표지 및 본문 디자인 뭉클
ISBN 978-89-6546-076-3 74990 | 978-89-6546-090-9(세트)

Copyright © 2010 Palm Publishing, LLC All rights reserved.
Korean Translation Copyright © 2012 by Minumin
Korean edition is published by arrangement through EYA.
이 책의 한국어 판 저작권은 (주) 민음인과 독점 계약한 밝은미래에 있습니다.
저작권법에 의해 한국 내에서 보호를 받는 저작물이므로 무단 전재 및 복제를 금합니다. 책에 대한 단순 서평 수준을 넘어서는 내용을 SNS나 사진, 영상 등으로 출판사의 동의 없이 배포하는 것은 저작권법에 저촉될 수 있습니다.
책값은 뒤표지에 있습니다.

사진 및 자료 : 원저작권사인 Palm Publishing사와의 협의 하에 생략합니다.

차례

러미지 만물상	10
마르코 폴로	13
베네치아 항구	14
니콜로와 마페오의 모험	17
폴로 가족의 카라반	18
비단길을 따라	21
페르시아에서 힌두쿠시까지	22
세계의 꼭대기	25
제너두	27
베이징	29
중국의 보물	30
몽골	33
폴로 가족의 출항	35
마침내 돌아오다	36
진실 혹은 거짓	40
어휘 사전	찾아보기	41

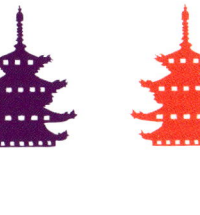
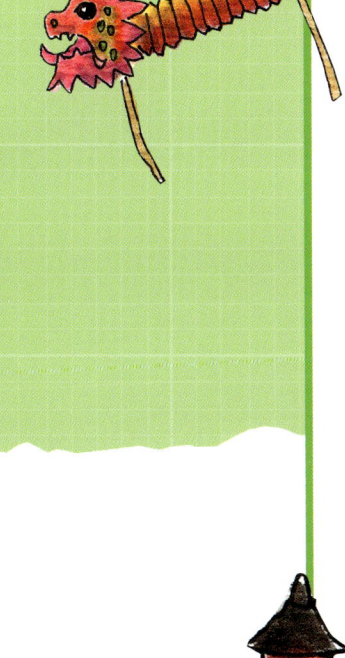

러미지 할아버지
골동품 가게 주인이다. 가게에는 저마다 재미난 사연이 얽혀 있는 물건들이 잔뜩 쌓여 있어 호기심을 자극한다.

디그비
보물 수집가 디그비는 토요일마다 러미지 할아버지의 골동품 가게에서 물건을 고르고, 새로 찾아낸 진기한 물건에 얽힌 사연을 듣는다.

한나
디그비의 누나로, 따지기를 좋아하는 열 살짜리 소녀. 러미지 할아버지가 하는 말은 한마디도 믿지 않는다.

유세프

전 세계를 두루 여행했다. 흥미진진한 여행을 추억할 수 있는 기념품들이 가방에 가득하다.

픽시

점쟁이 아가씨. 특이한 천막 안에서 향과 양초, 바르는 물약과 먹는 물약, 수정 구슬을 판다.

토요일 아침이면 벼룩시장은 와글와글 활기를 띤다. 장사꾼들은 해가 뜨기도 전에 벌써 자리를 잡는다. 사람들이 잠자리에서 일어날 때쯤이면 좌판이 차려지고, 상자가 열리고, 물건들이 꼼꼼하게 진열된다.

시장 곳곳에 물건들이 수북이 쌓여 있다. 벨벳 천 위에는 귀한 브로치와 보석이 박힌 단검이 있다. 그 뒤에는 유명한 인물들의 초상화가 그려진 커다란 액자, 반들반들한 천에 장식 술이 달린 등잔, 옛날식 세면대가 있다. 이 세면대에 물을 부으면 금이 간 틈새로 물이 뚝뚝 떨어진다. 온종일 상자 속에서 주인을 기다리는 물건들도 있다. 멋진 무공 훈장이 한 줄로 나란히 걸려 있고, 가죽끈 달린 회중시계가 째깍째깍 소리를 내며, 특별한 날 쓰는 은수저와 포크와 나이프가 반짝반짝 빛을 낸다.

하지만 러미지 할아버지의 가게는 뭔가 좀 다르다. 러미지 만물상에는 아무도 갖고 싶어할 것 같지 않은 온갖 이상한 물건들이 한가득 쌓여 있다.

배가 빵빵한 생쥐 인형을 누가 갖고 싶어할까? 세상에 부러진 주머니칼이나 틀니 한 쌍을 사려는 사람도 있을까?

그런데 러미지 할아버지는 이런 물건들을 모두 갖고 있다. 그리고 여러분도 이미 예상하고 있겠지만, 값도 별로 비싸지 않다!

여덟 살짜리 골동품 수집가 디그비 플랫은 친하게 지내는 러미지 할아버지를 만나러 벼룩시장에 갔다. 토요일이었고, 일주일에 한 번씩 받는 용돈은 거의 바닥나서 주머니에 구멍이 다 뚫릴 지경이었다. 하지만 디그비는 시장에서 파는 아무 물건에나 용돈을 쓸 생각은 없었다. 그건 말도 안 되는 일이었다. 할아버지의 신기한 가게에서 찾아낸 희귀하고 특별한 물건이어야만 했다.

여느 때처럼 누나 한나도 함께 갔다. 한나는 러미지 할아버지 가게에 있는 보물들이 진짜 가치가 있는 것인지 남몰래 의심하고 있었다. 한나는 누나답게 어린 남동생이 '아무짝에도 쓸모없는 엉뚱한 물건'을 사지 못하도록 막아야 한다고 생각했다.

"안녕하세요, 할아버지. 안녕하세요, 유세프 아저씨." 디그비가 쾌활하게 말했다.

"그래, 오랜만이구나." 유세프 아저씨가 디그비에게 대답하고는 할아버지 쪽으로 돌아섰다.

"12달러. 싸게 부른 겁니다."

"8달러로 하세. 얘들아, 안녕?"

러미지 할아버지가 말했다.

"11달러."

"10달러."

"좋습니다. 그럼 10달러로 하죠. 값을 너무 깎으시네요."

"그게 다 무슨 소리예요?" 디그비가 물었다.

"물건 값을 흥정하고 있는 거야, 바보야. 어떤 물건을 살 때 물건 가격을 합의하려고 애쓰는 거지." 한나가 말했다.

"비단 지갑을 사려는 중이란다." 러미지 할아버지가 말했다.

"제 눈에는 좀 촌스러워 보이는데요?"

"오래된 물건이라 그럴 거야. 옛날 아주 유명한 여행가가 지니고 다닌 물건이었지." 유세프 아저씨가 말했다.

"정확히 말하면 마르코 폴로의 지갑이란다. 어디 보자…… 종잇조각이 하나 있군. 흐음. 옛날 중국 지폐야. 위안처럼 보이는데……." 할아버지가 지갑 속을 뒤지면서 말했다.

"무슨 지폐요?" 디그비가 물었다.

"미국 돈을 '달러'라고 부르는 것처럼, 중국 사람들은 자기네 돈을 '위안'이라고 부른단다. 사실 중국 사람들은 세계 최초로 지폐를 사용했어. 마르코 폴로가 중국을 여행하고 돌아올 때 지폐를 가져온 건 그 때문이지."

"그 돈은 얼마짜리예요? 1,000위안쯤 되나요?"

"이건 겨우 10위안짜리야."

"그렇게 큰 돈은 아니네요."

디그비는 실망한 얼굴로 투덜

거렸다.

"몇 위안 안 되지만, 아주 오래된 돈이니까 실제로 큰 가치가 있단다." 러미지 할아버지가 빙긋 웃으면서 말했다.

마르코 폴로
Marco Polo

마르코 폴로는 1254년 이탈리아 베네치아에서 태어났을 거야. 어떤 사람들은 마르코 폴로가 크로아티아의 코르출라에서 태어나서 어렸을 때 가족과 함께 베네치아로 이주했다고 말하기도 해. 아버지 니콜로 폴로는 상인이었고, 어머니가 누구였는지는 알려지지 않았어.

마르코 폴로는 중국을 방문한 최초의 유럽인 가운데 하나였고, 그가 쓴 여행 이야기는 그 후 오랫동안 다른 모험가들을 자극해서 중국에 가 보고 싶은 마음을 불러일으켰지. 또 지도 제작자들은 마르코 폴로가 남긴 기록을 이용하여 그때까지 아무도 들어 본 적이 없는 동쪽 나라들을 지도에 표시했단다. 그리고 〈동방견문록〉이라는 제목이 붙은 마르코 폴로의 책은 역사상 가장 유명한 여행기로 꼽힌단다.

 # 베네치아 항구

마르코 폴로가 어렸을 때, 베네치아는 중요한 교역 도시였어. 값진 보석과 향수, 비단과 향신료, 기묘한 동물과 희귀한 식료품 같은 동양의 이국적인 상품이 배에 실려 베네치아로 들어왔고, 유럽 전역으로 팔려 나갔지. 이런 무역을 하면서 베네치아 상인들은 부유하고 강력해졌어. 베네치아는 예술의 중심지이기도 했단다. 수백 명의 화가와 공예가들이 베네치아의 화실과 공방에서 일했지. 베네치아라는 도시의 아름답고 화려한 풍경과 활기찬 분위기는 마르코 폴로 안에 모두 스며들었을 거야.

호기심 많은 소년

마르코 폴로가 정확히 어떤 교육을 받았는지는 알 수 없지만, 그 당시 좋은 집안에서 태어난 남자 아이들처럼 기본적으로 산수, 읽기, 철학을 배웠을 거야. 마르코 폴로는 어학을 잘해서 적어도 네 개의 언어를 익혔다고 해. 그는 영리하고 이해력이 뛰어났지. 또 그는 사람들한테 관심이 많았고, 자기와 다른 사람들의 생활방식에 흥미를 가졌어. 아마 상상력도 풍부했을 거야.

마르코 폴로의 꿈

13세기 베네치아의 소년들이 대부분 그랬듯 마르코 폴로도 부두에서 놀며, 선원들이 들려주는 신기한 이야기를 즐겨 들었을 거야. 그는 머나먼 나라들, 이상한 사람들, 엄청난 보물들이 기다리는 환상적인 이야기들을 기다렸단다. 그리고 상인이 되어 먼 곳으로 직접 배를 타고 가는 날을 꿈꾸었지. 마르코 폴로는 아주 흥미로운 시대에 활기가 넘치는 도시에서 살았던 영리하고 모험심 많은 소년이었어.

"**마**르코 폴로는 베네치아라는 멋진 도시에 살았단다. 베네치아는 이탈리아 동해안에 있는 중요한 항구이자 교역 중심지였지. 그 나이 또래의 소년들이 대부분 그랬듯이 마르코 폴로도 날마다 부두에 나가서 비단과 향신료, 화려하고 신기한 보물을 가득 실은 배들이 드나드는 걸 구경했단다."

"마르코 폴로도 상인이나 선원이 되고 싶었던 거예요?" 디그비가 물었다.

"아마 둘 다 되고 싶었겠지만, 상인이 돈을 제일 잘 벌었지." 유세프 아저씨가 대답했다.

"마르코 폴로는 어렸을 때 어머니가 돌아가셨기 때문에 이모네 집에서 자랐단다. 이모와 이모부한테서 상인이 되는 법을 배웠지. 외국 돈을 사용하는 법, 물건을 잘 거래해서 이익을 남기는 법, 상선을 모는 법 같은 거 말이냐." 러미지 할아버지가 말했다.

"우와! 나도 그런 걸 하고 싶은데. 세계를 여행하면서 낯선 나라에 가고 싶어. 그러면 값싸고 귀한 물건들을 가져와서 러미지 할아버지한테 팔 수 있을 텐데."

"그러면 기분 전환이 되겠지. 그런데 어디 다른 데 가기 전에 네 방에 잔뜩 널려 있는 그 요상한 물건들부터 팔아 치우는 게 어때?" 한나가 한숨을 내쉬었다.

"마르코 폴로의 아버지는 어떻게 됐어요?" 디그비가 물었다.

"아버지 니콜로 폴로는 동생 마페오 폴로를 데리고 카타이로 여행을 떠났단다. 당시 유럽 사람들은 중국을 '카타이'라고 불렀지. 그 여행은 무려 15년이나 걸렸기 때문에 마르코 폴로는 아버지 소식을 몰랐을 거야."

"아버지가 마침내 나타났을 때는 깜짝 놀랐겠군요?" 한나가 말했다.

"그랬지. 니콜로가 여행에 줄곧 동행한 동생 마페오와 함께 베네치아로 돌아왔을 때, 마르코 폴로는 꿈이 이루어지는 듯한 기분이었을 거야."

러미지 할아버지가 말했다. 그러자 옆에서 유세프 아저씨가 덧붙였다.

"상상해 보렴! 니콜로는 현관 앞 층계를 올라와서 이렇게 말했을 거야. '잘 있었니, 마르코? 아버지가 돌아왔다. 참으로 놀라운 곳에서 흥미진진한 물건들을 잔뜩 가져왔단다.' 그리고는 자기가 갔던 곳과 거기서 만난 사람들, 특히 '대칸'에 대해 마르코 폴로한테 말해 주었겠지."

"대칸이 누구예요?" 디그비가 물었다.

"몽골 제국의 황제였던 쿠빌라이 칸을 말하는 거야. 몽골 사람들은 중앙아시아 평원에 살던 민족인데, 니콜로 폴로가 갔을 무렵에는 이미 아시아와 중국 대부분을 정복했어. 쿠빌라이 칸이 몽골의 왕이자 황제였지." 유세프 아저씨가 말했다.

"아버지와 삼촌이 마르코 폴로한테 어떤 선물을 갖다 주었을지 궁금해요." 한나가 말했다.

"외국 옷과 비단신, 얇은 종이에 인쇄된 그림 같은 걸 가져왔을 거야. 어쩌면 비단벌레도 한두 마리 가져왔을지 모르지." 러미지 할아버지가 말했다.

"비단으로 만든 벌레를 말씀하시는 거예요?" 디그비가 물었다.

"아니, 실을 토해 고치를 짓는 '누에'라는 벌레를 말하는 거란다. 그때까지만 해도 유럽 사람들은 비단이 식물에서 나오는 줄 알았어. 어쨌든 마르코 폴로는 아버지 이야기에 온통 마음을 빼앗겨서 다음에 중국으로 갈 때에는 자기도 데려가 달라고 졸랐지."

니콜로와 마페오의 모험

교역 여행

니콜로 폴로와 마페오 폴로는 베네치아를 떠나 콘스탄티노플(오늘날 터키 이스탄불)로 갔어. 그들은 새로운 시장과 새로운 물건을 찾았고, 여행을 하면서 계속 물건을 사고팔았지. 그들은 러시아까지 갔다가 집으로 돌아가기로 결정했어. 하지만 전쟁이 일어나는 바람에 집으로 돌아가는 길이 막혀 버린 거야. 그래서 남동쪽으로 방향을 돌려, 우즈베키스탄의 번화한 도시 부하라로 갔어. 이곳에서 니콜로 폴로와 마페오 폴로는 모피와 소금, 목재와 노예를 거래하며 3년을 보냈지. 그리고 아주 운 좋게도 몽골의 황제 쿠빌라이 칸의 특사를 만나게 되었단다. 특사는 자기와 함께 중국으로 가자고 권했어. 니콜로 폴로와 마페오 폴로는 이 좋은 기회를 놓치지 않았단다.

▲ 쿠빌라이 칸은 동쪽의 황허에서 서쪽의 흑해에 이르는 광대한 제국을 통치했단다.

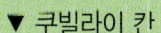
▼ 쿠빌라이 칸

중국 베이징

니콜로 폴로와 마페오 폴로 형제가 베이징에 도착하자 쿠빌라이 칸은 그들을 귀빈으로 대접했단다. 쿠빌라이 칸은 중국인 신하들보다도 폴로 형제를 더 신뢰하게 되었고, 그들의 고국에 대해 많은 것을 알고 싶어했어. 폴로 형제가 로마 교황의 인사장을 건네자, 쿠빌라이 칸은 이탈리아로 돌아가면 로마 교황한테 대신 경의를 표하고, 백 명의 신부와 함께 성유를 가지고 돌아와 달라고 부탁했단다. 쿠빌라이 칸은 기독교에 대해 더 많이 알고 싶다고 말했어. 폴로 형제가 떠날 시간이 되자 쿠빌라이 칸은 금으로 된 작은 패를 폴로 형제에게 주었단다. 이 금패는 그들이 고국으로 돌아갈 때까지 3년 동안 숙식과 안내인을 제공받을 수 있는 통행증 같은 거였지.

"근데 마르코 폴로의 이야기가 사실이라는 걸 우리가 어떻게 알아요?" 한나는 러미지 할아버지의 말이 믿기 어렵다는 듯 물었다.

"마르코 폴로는 자기가 보고 들은 것들을 잊지 않으려고 기록을 했단다. 나중에 루스티첼로에게 자기가 겪은 이야기를 들려주었고, 루스티첼로는 그 이야기를 받아썼지. 그렇게 해서 나온 책이 바로 그 유명한 여행기 〈동방견문록〉이란다. 일종의 일기야."

"일기는 너무 따분해요. 마르코 폴로는 좀 더 재미있게 하려고 분명히 이야기를 과장했을 거예요." 한나가 말했다.

"그럴 필요는 없었을 거야. 마르코 폴로가 묘사한 나라들은 아시아에 대해 아무것도 모르는 사람들한테는 충분히 흥미로웠으니까. 하지만 마르코 폴로는 자기 눈으로 본 것만 적어 놓지는 않았어. 때로는 다른 여행자들한테 들은 이야기를 기록하기도 했지. 이상한 신화나 터무니없는 허풍도 포함해서 말이야." 러미지 할아버지가 말했다.

폴로 가족의 카라반

마르코 폴로는 1271년 아버지와 삼촌을 따라 길을 떠났어. 그는 겨우 열일곱 살이었어. 그들은 쿠빌라이 칸이 데려와 달라고 부탁한 백 명의 신부를 찾기 위해 우선 로마에 들렀단다. 하지만 교황은 신부를 두 명밖에 내주지 못했어. 그들은 로마에서 배를 타고 아크레로 갔단다. 아크레는 오늘날 이스라엘의 항구 도시인 '하이파'란다. 그들이 아크레에 들른 것은 니콜로가 쿠빌라이 칸에게 약속한 성유를 구하기 위해서였어. 한편 마르코 폴로는 활기찬 길동무였단다. 그는 기억력이 뛰어나고 외국어를 빨리 배웠어. 이런 재능은 모든 사람에게 깊은 인상을 주었단다.

잔인한 산적

여행은 처음부터 위험했어. 폴로 가족은 아크레에서 험하고 한적한 길을 지나 남쪽으로 내려갔는데, 길모퉁이마다 잔인한 산적들이 기다리고 있었단다. 또 전쟁과 전염병이 여행자들을 끊임없이 위험에 빠뜨렸단다. 그러자 신부들은 견디지 못하고, 폴로 가족만 남겨둔 채 돌아가 버렸어.

▼ 폴로 가족은 길동무도 할 겸 안전을 위해 상인들과 짐 나르는 짐승으로 이루어진 카라반에 끼여 여행했어.

거센 바람

마르코 폴로는 여행기에서 땅에 휘몰아치는 뜨거운 열풍에 대해 기록했단다. 열풍이 어찌나 맹렬한지, 사막을 건너다 이 바람을 만나는 사람은 몸에서 수분이 다 빠져나가기 때문에 살갗이 타서 가루로 부스러질 정도라고 기록했지. 그래서 폴로 가족은 바람이 가라앉은 뒤에야 여행을 계속할 수 있었단다. 바람이 잔잔해지기를 기다리는 동안, 그들은 열기로부터 몸을 보호하기 위해 목만 내놓고 물속에 들어가 있어야 했어.

죽음의 덫

폴로 가족은 먼지가 자욱한 메마른 아르메니아 평원을 지나 페르시아로 들어갔단다. 마르코 폴로는 페르시아를 대추야자와 앵무새들의 나라로 묘사했어. 그들은 페르시아 만에서 배를 타고 중국으로 가면 시간을 절약할 수 있을 거라고 생각하고, 배를 찾으러 호르무즈 항으로 내려갔단다. 하지만 항구에 정박해 있는 배를 보고는 마음을 바꾸었어. 야자 껍질로 만든 새끼줄로 잡아매고 나무못을 박아서 만든 그 돛단배는 '죽음의 덫' 같았다고 마르코 폴로는 말했단다. 그래서 폴로 가족은 '죽음의 덫'에서 발길을 돌려 육로로 가야 했지.

"폴로 가족은 그전의 많은 여행자들이 그랬던 것처럼, 옛 비단길을 따라 중국의 최종 목적지로 갔단다." 러미지 할아버지가 말했다.

"비단길이라고요? 어떻게 비단으로 길을 만들 수가……." 디그비가 외쳤다.

"정말 비단으로 만든 길은 아니야. 그 길을 이용해서 상인들이 중국에서 비단을 가져왔기 때문에 그렇게 부른 거지." 유세프 아저씨가 말했다.

"정말 바보라니까. 비단으로 만든 길이라니……." 한나가 킬킬거렸다.

"그 길은 얼마나 길었어요?" 디그비가 누나의 말을 무시하고 물었다.

"아주아주 길었지. 그리고 비단길은 하나만 있는 게 아니라, 중국에서 지중해까지 뻗어 있는 여러 개의 오솔길과 산을 넘는 고갯길을 다 말하는 거란다. 그 중에는 더 북쪽으로 올라가 러시아 영토로 들어가는 길도 있고, 남쪽으로 돌아서 인도와 아라비아로 내려가는 길도 있었지."

동양에서 온 보물

상인들이 목숨을 걸고 비단길을 여행한 것은 이익이 많았기 때문이야. 그들이 중국이나 그 밖의 고장에서 가져온 이국적인 물건들은 자기 나라에서 비싼 값에 팔렸고, 서양에서 가져간 금과 은, 그 밖의 원료는 동양에서 좋은 값에 팔렸단다. 인도의 육두구, 계피, 정향, 아라비아의 향료, 아프가니스탄의 루비, 청금석, 바그다드의 진주, 터키의 터키옥, 중국의 비단이 비단길을 따라 서양으로 들어갔단다.

 # 비단길을 따라

궁전과 사원

　비단길은 3천 년이 넘도록 세계에서 가장 긴 육로였어. 이 길은 원래 로마 제국과 중국을 이어 주었고, 러시아·아프리카·아라비아·인도·페르시아 같은 다양한 지역을 연결하면서 6,400킬로미터가 넘게 뻗어 있었단다. 폴로 가족이 언덕과 골짜기를 굽이굽이 지나는 동안, 마르코 폴로는 궁전과 사원들의 금빛 첨탑과 보석 박힌 둥근 지붕을 쳐다보며 입이 벌어졌을 거야. 비단길 주변에 화려한 도시들이 즐비하게 늘어서 있었기 때문이지.

　비단길 주변의 사마르칸트, 바그다드, 지다, 카라코룸 같은 도시들은 오늘날에도 낭만적인 도시로 유명하단다.

▼ 터키 이스탄불의 '푸른 모스크'야.

▼ 우즈베키스탄의 사마르칸트에 있는 틸라 카리 사원이야.

페르시아에서 힌두쿠시까지

마실 수 없는 물

폴로 가족은 호르무즈에서 북동쪽으로 올라가 케르만까지 가서, '풀처럼 초록색'이고 '짐승들조차 마시려 하지 않는' 물밖에 없는 사막을 건넜어. 사실 그 물은 소금기가 많아서 마실 수 없는 물이었단다. 폴로 가족은 마슈하드까지 간 뒤, 페르시아의 북쪽 국경을 따라 동쪽으로 갔단다. 마르코 폴로는 그곳 부족한테서 알로에딘의 암살단 이야기를 듣고 흥분했단다.

산속의 노인

아름다운 골짜기가 내려다보이는 성에 알로에딘이라는 노인이 살고 있었단다. 그 성에서 그는 향기로운 정원을 가꾸며 지냈어. 이국적인 꽃과 과일나무로 정원은 가득 찼고, 정원의 시내에는 술과 꿀이 흘렀단다. 그는 전사들이 그의 명령에 따르겠다고 할 때까지 그곳에서 배불리 먹고 마시게 해 주었단다. 전사들은 정원의 경이로움에 사로잡혀 그곳에서 영원히 살기 위해서라면 알로에딘의 적을 모두 살해할 각오가 되어 있었어. 쿠빌라이 칸의 몽골 군대가 알로에딘의 성을 파괴할 때까지 알로에딘의 암살단은 사납게 날뛰었단다.

말들의 골짜기

폴로 가족은 마침내 웅장한 힌두쿠시 산맥 기슭에 이르렀단다. 마르코 폴로는 발라샨 평원에 알렉산더 대왕의 유명한 말 부케팔로스의 혈통을 이어받은 야생마 무리가 우글거렸다고 말했어. 폴로 가족은 그곳이 무척 마음에 들어서 병에 걸린 마르코 폴로가 건강을 회복하고 산의 신선한 공기를 마실 수 있도록 거기에서 1년을 보내기로 결정했단다.

"마르코 폴로네 가족은 때로는 자기네끼리만 작은 카라반을 이루어 여행하다가 같은 방향으로 가는 큰 카라반을 만나면 합류하곤 했지." 러미지 할아버지가 말을 이었다.

"카라반은 길동무도 할 겸 안전을 위해 함께 여행하는 상인 무리를 일컫는 말이란다. 폴로 가족 같은 상인들은 물건을 싣고 갈 낙타나 나귀를 빌리고, 때로는 길을 안내해 줄 길라잡이를 고용하기도 했지."

"마르코 폴로 가족은 놀라운 것도 많이 보았겠네요." 한나가 말했다. 그러자 대화에 귀를 기울이고 있던 점쟁이 픽시가 천막에서 나와 말했다.

"물론이야. 반짝이는 소금산과 무지갯빛 언덕들을 보았지. 한번은 강바닥에 널려 있는 벽옥과 수정 같은 보석들을 발견하기도 했어."

"거긴 어떻게 갔어요?" 디그비가 놀란 눈으로 물었다.

"히말라야 산맥에서 계곡물을 타고 떠내려간 게 분명해." 픽시가 말하자 러미지 할아버지가 덧붙였다.

"마르코 폴로는 발라샨이라는 지역에 대해서 적어 놓았는데, 그곳에 루비가 묻혀 있었다고 해. 하지만 루비를 캘 수 있는 건 왕뿐이었지. 산에 보석이 너무 많아서 왕은 보석 값을 높게 유지할 필요가 있었단다."

"현명한 왕이야." 픽시가 말했다.

"마르코 폴로는 여행길에 본 들짐승에 대해서도 썼어. 털이 많고 턱수염이 마구 헝클어진 '야크'라는 이상하게 생긴 소도 보았고, 털이 많고 큰 뿔이 나 있는 양도 보았지." 유세프 아저씨가 말했다.

"매는 못 봤나요? 옛날에는 매를 사냥에 이용했잖아요?" 디그비가 물었다.

"그랬지. 사실 마르코 폴로가 본 매는 너무 크고 사나워서, 새끼 양을 발톱으로 움켜쥐고 날아갈 수 있을 정도였단다."

"그럼 낙타는요?" 한나가 물었다.

"누나는 낙타를 보면 짜증내잖아." 디그비가 킬킬거리며 말했다.

"짜증나는 건 너도 마찬가지야!" 한나가 쏘아붙였다.

"자자, 애들아. 내 얘기를 마저 들어야지. 폴로 가족은 낙타를 타고 사막을 건넜을 게다. 그러니 중간중간 샘에 들를 필요는 없었을 거야." 러미지 할아버지가 두 아이를 말리며 얘기했다.

"낙타는 혹이 있어 물 없이 오래 견딜 수 있기 때문이죠?" 디그비가 물었다.

"맞아! 또 마르코 폴로는 '바르구'라는 곳에서 '바르겔라크'라는 이상한 새들도 보았어. 꽁지가 제비처럼 갈라지고 발톱은 앵무새 같았지. 그 근처에서 '구데리'라는 영양도 보았단다. 사람들은 그 영양한테서 사향을 얻었지."

"사향이 뭐예요?" 한나가 물었다.

"향수를 만드는 데 쓰는 동물성 기름이야. 내 천막에 조금 있으니까, 너희가 한번 써 보고 싶다면 가져올게." 픽시가 말했다. 그러자 한나는 콧등을 찡그리며 소리쳤다.

"웩! 전 싫어요."

세계의 꼭대기

마르코 폴로는 휴식을 취한 뒤 다른 여행자들과 함께 보칸을 지나 북동쪽으로 올라갔단다. 보칸은 오늘날 '와칸 계곡'이라고 불리는 곳이야. 가파른 골짜기를 올라가는 것은 몹시 힘들었어. 짐을 실은 짐승들은 돌투성이 산길에서 발 디딜 곳을 찾아 서로 밀치락거렸고, 양들의 울음소리와 시끄럽게 딸랑거리는 방울 소리가 공기를 가득 채웠지. 카라반은 'U 자 모양'으로 구부러진 길을 굽이굽이 돌고, 깊은 골짜기 위로 깎아지른 듯이 솟아오른 벼랑 끝을 따라 천천히 나아갔단다.

높고 높은 산봉우리

사흘 뒤 그들은 믿을 수 없을 만큼 거대한 파미르 산맥의 초록빛 기슭에 이르렀고, 봉우리를 하나씩 오르기 시작했어. 마르코 폴로는 '세계의 꼭대기에 있는 것 같았다'고 일기에 썼단다. 사실 그곳은 너무 높아서 어떤 새도 날아다닐 수 없을 정도였어. 마르코 폴로는 공기가 너무 희박해 모닥불이 잘 타오르지 않아서 음식도 제대로 요리할 수 없다고 불평했단다.

노래하는 모래

마침내 폴로 가족은 카슈가르 평원에 이르렀어. 하지만 아직도 최악의 고비가 남아 있었단다. 타미르 분지에 도착한 카라반은 거대한 사막을 건너야 했어. 마르코 폴로는 그 사막에 여행자들을 죽음으로 몰아넣는 악령들이 산다고 믿었단다. 마르코 폴로가 들은 이야기에 따르면, 상인들이 무리에서 뒤처지면 그들을 사막 속으로 더 깊이 끌어들이려는 악령의 목소리가 들린다는 거야. 어른어른 흔들리는 모래사막 너머에서 유령들이 떼를 지어 그들에게 달려온다는 거지. 그러면 겁에 질린 상인들이 무턱대고 달아나다가 길을 잃기가 쉬웠어.

그래서 폴로 가족은 둥글게 천막을 치고, 짐승들이 야영지에서 벗어나지 않도록 가축의 목에 방울을 달아 두기로 했어. 사실 그 악령들은 사막의 열기가 만들어 낸 신기루였단다.

"마르코 폴로 가족은 파미르 산맥을 넘은 뒤 고비 사막 가장자리에 이를 때까지 순조롭게 전진했단다. 고비 사막은 가장 짧은 거리도 건너는 데 40일이 걸렸고, 샘을 하나 발견하려면 적어도 하루는 가야 했어. 그런 사막에서 살아남으려면 물을 가지고 다녀야 했을 거야." 러미지 할아버지가 말했다.

"그래서 고비 사막을 건너려고 했나요?" 디그비가 물었다.

"아니. 사막 가장자리를 따라서 갔어. 하지만 안내인들은 그곳이 얼마나 황량한지 잘 알았겠지. 고비 사막은 지금도 그렇게 삭막하단다. 하지만 몽골 유목민들 중에는 지금도 그 사막에 '게르'라는 둥근 천막을 짓고 사는 사람들이 있어."

"나 같으면 그런 곳에서 절대 살고 싶지 않을 거예요." 한나가 말했다.

"그렇다면 너는 마르코 폴로가 집 떠난 지 3년 만에 도착한 곳을 좋아했을 거야. 그곳은 쿠빌라이 칸의 웅장하고 화려한 여름 수도였지. 중국인들은 그곳을 '상두'라고 불렀지만, 서양에는 아마 '제너두'로 더 잘 알려져 있을 거야." 유세프 아저씨가 말했다.

"제너두. 정말 이국적으로 들리는데요." 한나가 꿈꾸는 듯이 말했다.

하얀 축제

'하얀 축제'는 연중 가장 중요한 축제였어. 하얀색은 행운을 상징하기 때문에 이날 사람들은 하얀 옷을 입었단다. 하얀 축제에서 쿠빌라이 칸은 '쿠미스'를 마셨는데, 이것은 왕실 소유의 하얀 암말에서 짠 젖을 발효시켜 만든 술이었단다. 그가 술잔을 들 때마다 악사들은 연주를 했고, 쿠빌라이 칸이 술잔을 비울 때까지 모두 무릎을 꿇어야 했어. 매번 그 일을 되풀이해야 했단다. 밤이 되면 쿠빌라이 칸은 금, 은, 보석, 아름다운 하얀 말들, 눈부시게 하얀 옷을 선물로 받았어. 그 보답으로 쿠빌라이 칸은 가장 마음에 드는 선물을 바친 귀족에게 땅을 주었지.

제너두

마르코 폴로는 쿠빌라이 칸과 그의 신하들이 제너두에서 즐기는 대규모 연회에 깊은 인상을 받았단다. 육천 명이 며칠 동안 진수성찬을 즐기고, 곡예사들은 다양한 재주와 곡예로 그들을 즐겁게 해 주었다고 마르코 폴로는 말했지. 점쟁이와 마술사들이 술병에 마법을 걸면, 술병에 포도주가 채워지고 쿠빌라이 칸의 식탁까지 술병이 날아갔단다. 음식과 술을 나르는 하인들은 음식에 입김이 닿지 않도록 비단 수건으로 얼굴을 가려야 했어.

▼ 축제일에는 오천 마리의 코끼리가 쿠빌라이 칸 앞에서 행진을 벌였단다. 상상해 보렴. 코끼리 한 마리가 지나가는 데 5초가 걸린다면, 행진이 모두 끝나려면 약 일곱 시간이 걸릴 것이고, 청소해야 할 코끼리 배설물의 양도 엄청날 거야!

여름 수도

제너두에 있는 쿠빌라이 칸의 여름 수도는 대리석과 금으로 이루어져 있었고, 25킬로미터 길이의 담장으로 둘러싸인 수도 안에는 정원과 호수가 곳곳에 배치되어 있었단다. 정원에는 수천 마리의 새와 짐승들이 자유롭게 돌아다니고, 숲에서는 삼나무와 재스민 나무가 달콤한 향기를 내뿜고 있었지.

왕의 궁전

쿠빌라이 칸은 정원 한복판에 궁전을 지었어. 궁전을 떠받치고 있는 기둥들은 금박을 칠해 화려하기 이를 데 없었지. 기둥마다 용이 한 마리씩 새겨졌는데, 꼬리는 기둥을 휘감고 있고 머리는 지붕을 받치고 있었단다. 또 대나무를 쪼개서 이어 붙인 지붕이 비를 막아 주었어. 이백 장의 비단으로 만든 밧줄이 건물을 사방에서 지탱하여, 천막처럼 땅에 단단히 고정시키고 있었단다. 건물은 아주 잘 만들어져 있어서 순식간에 해체하고 다시 세울 수 있었단다.

"마르코 폴로는 중국어를 배웠나요?" 디그비가 물었다.

"아니, 안 배웠어. 하지만 몽골어는 할 줄 알았고, 그게 더 쓸모 있었지. 왜냐하면 그 당시 중국을 정복해서 다스린 게 몽골 사람들이었으니까." 러미지 할아버지가 대답했다.

"중국 사람들이 싫어하지 않았나요?" 한나가 물었다.

"중국 사람들은 분명 행복하지 않았어. 쿠빌라이 칸은 공정하지만 아주 엄격하게 중국 사람들을 다스렸거든. 그리고 중국 사람들은 반항적이었기 때문에 쿠빌라이 칸은 진심으로 중국 사람을 믿은 적이 없었단다. 쿠빌라이 칸이 외국인을 고문으로 삼은 것은 그 때문이야."

"그럼 마르코 폴로가 중국 사람이었다면 그 일자리를 얻지 못했겠군요?" 한나가 말했다.

"그럼."

"무슨 일자리요? 마르코 폴로는 매사냥꾼이었나요? 나 같으면 매사냥꾼이 되었을 텐데." 디그비가 물었다.

"아니야. 마르코 폴로는 쿠빌라이의 특사가 되었단다. 17년 동안 동양에서 지내면서 쿠빌라이 칸의 나라를 두루 여행했지. 마르코 폴로는 쿠빌라이 칸이 백성들의 관습에 관심이 많다는 것을 알았기 때문에 여행을 다니면서 보고 들은 것을 세심하게 기록했고, 그 중에서도 가장 흥미로운 이야기는 나중에 자기 책에 실었어. 물론 다른 여행자들한테 들은 이야기도 많이 덧붙였지."

베이징

목욕 습관

마르코 폴로는 중국인들이 목욕물을 데우는 방식에 매혹되었단다. 그는 중국인들이 '통나무처럼 생겼고, 타는 검은 돌멩이'를 이용해서 아침부터 저녁까지 불이 계속 타오르게 했다고 기록했어. 중국인들은 여름에는 사흘에 한 번, 겨울에는 하루에 한 번 목욕했기 때문에 목욕물을 데울 때 감, 석탄이 필요했단다. 몽골 사람들도 곧 중국 사람들의 관습을 모방하기 시작했단다. 야크 가죽을 입고 다닌 뒤에 목욕을 하면 더욱 좋았을 거야.

▲ 쿠빌라이 칸은 제국 전역에서 마음에 드는 나무를 가져다가 베이징의 궁전 정원에 심었단다.

대운하

베이징의 대운하는 마르코 폴로에게 고향 베네치아의 운하를 생각나게 했어. 베이징의 대운하는 몽골의 지배가 시작되기 약 이백 년 전에 만들어졌는데, 쿠빌라이 칸은 이 운하를 양쯔 강까지 연장했단다. 운하는 주로 곡식을 수도 베이징으로 운반하는 수송로로 이용했어. 쿠빌라이 칸은 베이징에 58개의 곡물 창고를 갖고 있었는데, 중국인 백성들은 쿠빌라이 칸의 건축 사업에 의무적으로 노동력을 제공했단다.

마르코 폴로는 몽골 사람들이 '칸발루'라고 부른 베이징을 처음 본 순간을 결코 잊지 못했어. 시내에 우뚝 솟아 있는 궁전은 새와 동물과 전투 장면을 그린 그림과 금빛 용들로 화려하게 장식되어 있었단다. 마르코 폴로는 햇빛을 받은 지붕이 선명한 색깔로 눈부시게 빛났다고 말했어. 그리고 궁전 안에는 초록빛 산 하나가 솟아 있고, 이국적인 물고기가 우글거리는 은빛 호수가 산을 둘러싸고 있었단다. 쿠빌라이 칸은 건강을 위해 날마다 산꼭대기에 올라앉은 웅장하고 화려한 정자에 가곤 했단다.

"마르코 폴로는 중국 사람들과 몽골 사람들이 사용하는 지폐에 아주 강렬한 인상을 받았단다." 러미지 할아버지가 말했다.

"러미지 할아버지가 유세프 아저씨한테 산 지갑 속에 들어 있던, 그 이상하게 생긴 지폐 같은 거요?"

"그래. 그 지폐는 칸발루에 있는 쿠빌라이 칸의 조폐국에서 특별히 만든 거란다. 쿠빌라이 칸의 지폐를 위조하거나 복사하려다가 붙잡히면 처형되었지."

"그렇게 위험한 짓을 할 필요는 없죠. 그런데 지폐는 뭘로 만들었어요?" 한나가 말했다.

"뽕나무 껍질로 된 종이로 만들었지."

"지폐가 낡아서 해지거나 찢어지거나 하면 어떡해요?" 디그비가 물었다.

"그 지폐를 조폐국에 다시 가져가서 돈을 조금 더 내면 새 지폐로 바꿀 수 있었단다." 러미지 할아버지는 빙그레 웃었다.

중국의 보물

누에

사백 년 동안 중국 비단은 유럽에서 높은 평가를 받았단다. 유럽에서는 아무도 비단 만드는 법을 몰랐기 때문이지. 유럽 사람들은 누에를 알지 못했고, 중국 사람들은 누에를 비밀로 삼았단다. 누에는 뽕잎을 먹고 살기 때문에 뽕나무 농장에서 키웠어. 비단 원료인 생사는 누에가 짓는 고치에서 나온단다. 이 고치를 마구 두드려서 부드럽게 하면, 생사가 꼬여서 가느다란 명주실이 되지. 중국 사람들은 비단으로 옷, 부채, 양산, 연 등을 만들었단다.

쿠빌라이 칸의 역참 제도

마르코 폴로는 여행을 많이 다녔기 때문에 쿠빌라이 칸의 역참 제도에 아주 깊은 인상을 받았단다. 이것은 일종의 배달 서비스로, 사람뿐만이 아니라 말을 타고 달리는 사람도 배달부로 이용했단다. 40킬로미터마다 역참이 있었는데, 역참은 왕의 숙소로도 손색이 없을 정도였어. 역참마다 항상 말 사백 마리를 준비해 두었고, 파발꾼은 이 역참을 이용해 하루 500킬로미터를 달릴 수 있었어.

파발꾼은 자기가 어디에서 왔고 어느 곳으로 가는지를 적은 작은 명패를 갖고 다녔는데, 이 명패를 보여 주면 안전하게 여행할 수 있었단다. 직접 달리는 배달부는 5킬로미터 간격으로 떨어져 있는 마을에서 왔기 때문에 5킬로미터가 넘는 거리를 달릴 필요가 없었어. 배달부는 방울이 달린 허리띠를 차고 있어서, 역참에서는 그들이 오는 소리를 듣고 다음 배달부를 준비했단다.

▲ 마르코 폴로가 중국에 도착했을 때, 차는 국민 음료였단다. 중국 사람들은 향기로운 꽃이 핀 정원에서 다과회를 열곤 했어.

왕실 조폐국

쿠빌라이 칸은 특별한 방식으로 중국 지폐가 진짜라는 걸 증명했어. 특별히 임명된 관리들이 모든 지폐에 일일이 자신의 이름을 쓰고 도장을 찍어 표시했단다. 그런 다음 지폐에 특별한 물감으로 무늬를 찍었어. 지폐는 전국에 유통되었고, 지폐를 물건이나 금은으로 바꿀 수 있었단다.

"마르코 폴로는 왜 몽골 사람을 '타르타르'라고 불렀어요?" 한나가 묻자 러미지 할아버지는 껄껄 웃었다.

"몽골 사람들이 전쟁을 좋아했기 때문에 '사나운 사람들'이라는 뜻에서 그렇게 불렀지. 실제로 당시 사람들은 몽골 사람들을 지옥의 군대를 지휘하는 악마라고 생각했어. 그들을 얼마나 두려워했는지 알 수 있지."

"몽골 사람을 얼마나 오해했는지도 알 수 있고." 유세프 아저씨가 덧붙였다.

"그래. 마르코 폴로가 그들의 전투 기술과 용기에 감탄했을지는 모르지만, 몽골 사람은 아주 잔인했어. 전투를 할 때면 전혀 동정심 없이 사람들을 죽였지." 러미지 할아버지가 말했다.

"몽골 군대는 어쩜 그렇게 잘 싸웠어요?" 디그비가 물었다.

"아주 재빨랐거든. 특히 말 타는 기술이 뛰어났어. 말이 풀을 뜯는 동안 안장에 앉은 채 잠을 잘 정도였지. 게다가 활 솜씨도 일품이었어. 안장에 앉아서 두 다리로 말을 조종하면서 화살을 쏠 수 있었단다."

"우아!" 디그비가 외쳤다.

"그리고 행군할 때는 주로 말 젖을 먹으면서 짐 없이 홀가분하게 여행했어. 빨리 이동해야 하는데 식량이 떨어지면, 말 다리에서 피를 뽑아 마시면서 버텼지."

"으, 너무 끔찍해요." 아이들은 몸서리를 치면서 외쳤다.

 # 몽골

몽골은 지구에서 가장 황량한 풍경을 가진 나라야. 남부에는 산과 사막이 있고, 북부에는 바람이 휘몰아치는 거대한 평원이 펼쳐져 있지.

오늘날 몽골 사람들은 위대한 조상들과는 전혀 다르게 살고 있단다. 그들은 이제 사납지도 않고, 몽골 제국 이전의 조상들이 그랬듯이 가축 떼를 몰고 이리저리 옮겨 다니면서 소박하게 살고 있어. 그들은 힘든 생활을 하면서도 부족의 전통적 관습을 대부분 지키고 있단다.

게르

몽골 족의 이동식 집인 둥근 천막 '게르'는 황량한 평원에서 찾아볼 수 있는 유일한 삶의 흔적인 경우가 많아. 게르의 재료는 양털로 만든 펠트야. 나무 막대기로 이루어진 뼈대 위에 펠트를 씌워 만들지. 가축을 치는 사람들은 계속 이동하기 때문에, 빠르게 세우고 해체할 수 있는 게르를 이용했어. 게르에서는 말린 짐승의 똥을 연료로 방을 덥히는데, 얼어붙을 듯이 추운 몽골의 겨울에도 게르에 사는 사람들은 아주 따뜻하게 지낼 수 있단다.

▼ 몽골 사람들은 힘이 세고 다리가 튼튼한 말을 사랑한단다. 가축을 치는 사람들은 안장 위에서 대부분의 시간을 보낸단다.

"마르코 폴로는 중국에 얼마나 오랫동안 있었어요?" 디그비가 물었다.

"아주 오래 있었지. 거의 20년 동안이나 살았으니까. 그때쯤 쿠빌라이 칸은 마르코 폴로 가족을 무척 좋아하게 되었어. 마르코 폴로와 식구들이 중국을 떠나 다시 고국으로 가고 싶어했지만 쿠빌라이 칸은 보내 주고 싶어하지 않았단다."

"그건 공정하지 못해요. 마르코 폴로가 왕을 위해 그렇게 애썼는데. 안 그래요?" 한나가 말했다.

"네 말이 맞아. 쿠빌라이 칸 황제는 마르코 폴로를 무척 좋아했지만, 늙어 가고 있었어. 황제도 마르코 폴로를 가족처럼 느낀 것 같아."

"마르코 폴로 가족은 도망쳤나요?" 디그비가 물었다.

"아니. 그건 불가능했을 거야. 쿠빌라이 칸은 아주 강력했으니까. 하지만 우연히 행운이 찾아왔단다. 게다가 때도 아주 좋았지. 쿠빌라이 칸이 죽은 뒤에 떠났다면, 누가 그 뒤를 이어 옥좌에 앉든, 그 후계자는 마르코 폴로 가족을 쿠빌라이 칸만큼 잘 대우해 주지 않았을 테니까 말이다."

"무슨 일이 일어났는데요?" 디그비가 물었다.

"쿠빌라이 칸의 종손인 아르군 칸이 페르시아를 다스리고 있었는데, 왕비가 세상을 떠났어. 아르군 칸은 쿠빌라이 칸에게 사신을 보내서 젊은 몽골 여자를 신부로 보내 달라고 부탁했지. 쿠빌라이 칸은 코카친 공주를 보내기로 했는데, 이때야말로 중국을 빠져나갈 절호의 기회라고 생각한 마르코 폴로 가족은 자신들이 신붓감을 호위해서 가겠다고 쿠빌라이 칸을 설득했어."

 # 폴로 가족의 출항

왕실 정크

쿠빌라이 칸은 폴로 가족에게 중국의 정크 선단을 내주고, 귀국 여행의 첫 단계에 필요한 식량과 장비를 충분히 마련해 주었단다. '정크'라는 이름은 '배'를 뜻하는 말레이시아어에서 유래했어. 정크는 크기가 크고 동력이 강한 배였단다. 이 배에는 선실이 육십 개나 되고, 물건을 저장할 수 있는 칸막이실도 있었는데, 작은 낚싯배를 여러 척 실을 수 있을 만큼 컸단다.

작별을 고하다

1292년 1월 열네 척의 정크로 이루어진 선단이 승무원 육백 명과 함께 페르시아 만으로 떠날 때, 마르코 폴로 가족은 쿠빌라이 칸에게 손을 흔들어 작별 인사를 했단다. 여행은 길었고 갖가지 어려움이 따라다녔어. 승무원 가운데 살아남은 사람은 열여덟 명뿐이었지만, 그래도 마르코 폴로는 몽골 공주를 새신랑에게 무사히 데려갈 수 있었어. 그것이 쿠빌라이 칸을 위한 그의 마지막 임무였단다.

항해 중에 들은 우화들

마르코 폴로는 여행기에서 귀국길에 만난 경이로운 것들에 대해 썼지만, 그 많은 이야기는 아마 그가 항구에 들를 때마다 선원들에게 들은 환상적인 우화일 거야. 마르코 폴로의 여행기에는 사람의 머리만큼 커다란 나무 열매인 코코넛에서 나온 우유를 마시는 이야기, 야자나무로 설탕과 술을 만드는 수마트라 섬의 식인종 이야기, 피부 밑에 돌을 갑옷삼아 집어넣는 지팡구(오늘의 일본) 병사들 이야기, 코끼리 세 마리를 들어 올릴 만큼 힘이 센 마다가스카르의 괴물 새 로크 이야기가 나온단다.

▲ 정크는 네모난 돛이 하나씩 달린 돛대 네 개와 갑판 하나가 있는 상선이야.

마침내 돌아오다

고국에 돌아온 마르코 폴로와 아버지 그리고 삼촌은 베네치아 사람들이 볼 때 이상한 옷을 입고 있었단다. 게다가 모국어를 거의 다 잊어버려서 상황을 더욱 악화시켰지. 또 동양에 대한 마르코 폴로의 이야기는 지어낸 이야기라는 의심을 받았어. 아무도 그곳에 가 본 적이 없었고, 믿기지 않을 만큼 놀라운 것들을 그렇게 많이 본 사람도 없었기 때문에 마르코 폴로의 말이 진실인지 아닌지 증명하기가 어려웠단다. 실제로 그는 '미스터 백만'이라는 별명이 붙었어. 그가 쿠빌라이 칸의 재산이 '수백만'이라고 이야기하거나 '수백만' 가지 이야기를 떠들어 댔기 때문일 거야.

마르코 폴로의 이야기

집에 돌아온 마르코 폴로는 백 개의 눈을 가졌다는 쿠빌라이 칸의 장군 '바얀'에 대해 이야기했단다. 바얀이 지휘하는 몽골 군대와 싸워 본 적이 있는 사람들은 모두 '바얀'이라는 이름만 들어도 겁에 질려 심장이 얼어붙었다고 해. 마르코 폴로는 그가 본 전투 장면을 묘사했어. 2천 마리의 전쟁용 코끼리 등에 올라탄 6만 명의 전사를 말에 탄 몽골 궁수들이 용감하게 무찌른 전투도 그 중 하나였지. 거대한 엄니를 가진 코끼리 등에는 수십 명의 전사가 탈 수 있는 목조 '성'이 얹혀 있었어. 마르코 폴로는 '그 소음과 소란이 너무 엄청나서 하느님이 고함을 지르셨다 해도 아무도 듣지 못했을 것'이라고 기록했단다. 그리고 그때부터 쿠빌라이 칸은 항상 그의 군대에 코끼리를 포함시켰다고 마르코 폴로는 말했단다.

▲ 마르코 폴로는 중국의 도시, 사람들, 생활 방식을 위대하게 묘사했단다.

"마르코 폴로 가족은 고국에서 열렬한 환영을 받았겠죠?" 한나가 말했다.

"전혀 그렇지 않았어." 러미지 할아버지가 슬픈 얼굴로 고개를 저으면서 말했다.

"너무 심해요. 붉은 카펫을 깔아 놓고 정중하게 맞이했어야 하는 건데."

"사실은 마르코 폴로 가족이 누군지 아는 사람이 아무도 없었단다. 자신들의 처지를 설명하려고 하면, 베네치아 사람들은 비웃을 뿐이었어. 베네치아 사람들 눈에는 초췌하고 지친 나그네 세 명이 이상야릇한 누더기 옷을 걸치고서 시내로 들어온 것처럼 보였겠지."

"중국 사람처럼 옷을 입고 있었군요?" 디그비가 말했다.

"물론이지. 그들이 중국에서 20년을 살았다는 걸 생각해 보렴. 그리고 자기네가 이상해 보인다고는 전혀 생각지 않았어."

"그래서 마르코 폴로와 식구들은 어떻게 했어요?" 한나가 묻자 유세프가 대답했다.

"마르코 폴로 가족은 베네치아 사람들을 잔치에 초대했단다. 그러고는 사람들 앞에서 누더기가 된 중국옷을 멋지게 열어젖혔지. 그러자 엄청난 양의 보석이 쏟아져 나온 거야. 그 많은 보석도 놀라웠지만, 남루한 겉옷 속에 입고 있던 사치스러운 공단과 벨벳 옷을 보고 사람들은 눈이 휘둥그레졌지. 마르코 폴로 가족이 정말로 중국에 갔다 왔고, 중국은 풍요롭고 멋진 나라라는 증거가 모든 사람들의 눈앞에 드러난 거야."

"베네치아 사람들의 그 놀란 얼굴을 보았다면 좋았을걸." 한나가 생긋 웃었다.

"나도 그래." 유세프 아저씨가 껄껄 웃었다.

"사람들이 자기 말을 믿도록 마르코 폴로는 자기가 본 것을 적어 두어야 했겠죠." 디그비가 말했다.

"사실 마르코 폴로는 훨씬 뒤에 모험담을 썼단다. 한동안 감옥에 갇히게 되었는데, 그제야 자기 경험을 글로 쓰기 시작한 거지." 러미지 할아버지가 말했다.

"감옥이라고요? 마르코 폴로는 국가의 영웅이었는데!" 한나가 외쳤다. 할아버지는 껄껄 웃었다.

"베네치아의 감옥에 갇힌 게 아니야. 마르코 폴로가 고국에 돌아온 지 1년쯤 지났을 때, 베네치아와 제노바 사이에 전쟁이 일어났단다. 지중해 교역권을 서로 차지하려고 한 거지. 마르코 폴로는 베네치아 해군 고문관으로 임명되어 전쟁에 참가했지만, 불행히도 베네치아 함대는 파괴되었고 마르코 폴로가 탄 배는 침몰하고 말았어. 결국 마르코 폴로는 수천 명의 포로와 함께 제노바의 감옥에 갇히는 신세가 되고 말았지."

"그래서 책을 쓰면서 시간을 때웠군요?" 한나가 말했다.

"그렇다고 할 수 있지. 감옥에서 마르코 폴로는 루스티첼로라는 작가를 만났어. 마르코 폴로는 시간을 보내기 위해 루스티첼로한테 자기가 겪은 이야기를 들려주었고, 루스티첼로는 그 이야기를 받아썼단다. 안타깝게도 초판본은 전혀 남아 있지 않아. 마르코 폴로가 직접 개정판을 냈는데, 그것도 모두 사라졌어. 지금 읽을 수 있는 책은 번역한 것이나, 번역한 걸 또 번역한 것들을 바탕으로 한 거야. 그렇기 때문에 아주 정확하지는 않을 거야."

"그렇게 해서 우리가 마르코 폴로에 대해 알게 된 거로군요. 할아버지, 괜찮다면 그 지갑을 제가 살게요. 그 지갑이 행운을 가져다주어서, 언젠가는 저도 누군가에게 제 모험담을 들려주게 될지 누가 알아요."

"그건 세상에서 가장 얄팍한 책이 될 거야." 한나가 빈정거렸다.

"미래에 무슨 일이 일어날지는 아무도 몰라. 디그비가 정말 위대한 여행가가 될지도 모르지." 유세프 아저씨가 말했다.

"거짓말이나 잔뜩 지어서 늘어놓겠죠, 뭐." 한나가 웃으면서 말했다.

진실 혹은 거짓

마르코 폴로가 죽은 뒤에도 오랫동안 사람들은 그의 책이 꾸며낸 거짓 이야기라며 믿지 않았다.

하지만 오래지 않아 다른 사람들이 동양으로 여행을 가게 되었고, 마르코 폴로가 이야기한 곳이 정말로 존재한다는 사실이 분명해졌다.

- 마르코 폴로는 쿠빌라이 칸이 관대한 군주인 것처럼 말했다. 그는 쿠빌라이 칸이 거느린 1만 명의 매사냥꾼과 2만 명의 사냥개 조련사, 4만 명의 손님이 참석하는 대연회를 묘사했다. 아마 마르코 폴로는 중국과 그곳 통치자가 실제보다 훨씬 굉장해 보이도록 수를 과장했을 것이다.

- 마르코 폴로가 이야기한 줄무늬 사자는 아마 호랑이였을 것이다.

- 마르코 폴로는 쿠빌라이 칸의 군사 고문이었던 적이 없었다. 그가 이야기한 전투는 그가 중국에 가기 전에 일어났다.

- 사막의 유령은 사실 바람과 모래였다.

한편 어떤 사람들은 마르코 폴로가 중국에 아예 가지 않았다고 믿는다. 그 이유를 몇 가지 들면 다음과 같다.

- 마르코 폴로는 중국의 만리장성을 언급하지 않았다.

- 마르코 폴로는 중국 여자의 발을 작게 만들려고 헝겊으로 꽁꽁 동여매는 '전족'이라는 전통에 대해 말하지 않았다.

- 마르코 폴로 가족은 중국의 어떤 공식 기록에도 언급되어 있지 않다.

- 차를 마시는 것은 중국의 오랜 전통인데, 마르코 폴로는 거기에 대해 언급하지 않았다.

- 그가 묘사한 장소들 가운데 일부는 그가 가지 않은 곳이다.

- 하지만 죽기 직전에 친구들이 〈동방견문록〉에 쓴 이야기가 거짓임을 인정하라고 요구하자, 마르코 폴로는 '나는 아직 내가 본 것의 절반도 이야기하지 않았다.'라고 말했다.

어휘 사전

- **누에** : 누에나방 애벌레로 네 번 탈바꿈한 뒤에 입에서 실을 토하여 고치를 짓고 그 안에서 살다가 나방이 되어 나와요. 누에고치로 명주실을 만들지요.
- **벽옥** : 녹색 또는 붉은색을 띠는 물질로, 도장 재료나 반지 같은 장신구를 만드는 데 쓰여요.
- **부두** : 바다나 강기슭에 배를 대는 곳이에요.
- **상선** : 돈을 받고 사람이나 짐을 실어 나르는 배를 말해요.
- **성유** : 가톨릭교회에서 성스러운 의식 때 쓰는 기름을 말해요.
- **신기루** : 먼 곳에 있는 것이 바로 앞에 있는 것처럼 보이는 현상을 말해요.
- **엄니** : 크고 날카롭게 발달한 포유류의 이빨을 말해요. 호랑이, 사자, 멧돼지 따위의 엄니는 송곳니가 발달한 것이고, 코끼리의 엄니는 앞니가 발달한 거예요.
- **육두구** : 아시아 열대 지방에 주로 분포하는 나무예요. 동양에서는 약으로 쓰이고 서양에서는 향미료나 화장품에 사용해요.
- **정향** : 말린 정향나무의 꽃봉오리인데 통증, 구토, 설사 따위의 치료제로 써요.
- **청금석** : 푸른색 빛깔에 유리 같은 광택이 나는 물질이에요. 꽃병이나 모자이크를 만드는 데 쓰지요.
- **특사** : 나라와 나라 사이에 큰일이 생겼을 때 특별한 임무를 맡겨 보내는 사람을 말해요.
- **카라반** : 사막이나 초원 같은 곳에서 낙타나 말에 짐을 싣고 다니면서 특산물을 교역하는 상인 집단을 말해요. '대상'이라고도 하지요.

찾아보기

게르 26, 33
베네치아 13, 14, 15, 16, 17, 29, 37, 38
비단길 20, 21
중앙아시아 16
카타이 16

카라반 18, 19, 23, 25
쿠빌라이 칸(대칸) 16, 17, 18, 22, 26, 27, 28, 29, 30, 31, 34, 35, 36
페르시아 19, 21, 22, 34, 35

켄조
이발사이며 다양한 옷차림에 어울리는 가발을 많이 갖고 있다. 이발 가위를 즐겨 사용한다.

제이크
디그비의 친구. 상상력이 뛰어나고, 언제나 짓궂은 장난을 칠 생각만 한다.

빌지 부인
손수레를 밀고 시장을 돌아다니면서 쓰레기를 줍는다. 문제는 러미지 할아버지의 가게에 있는 물건을 쓰레기로 알고 내다 버린다는 것이다.

클럼프머거
희귀한 책들을 파는 서점 주인이다. 가게에는 옛 지도와 먼지 쌓인 책과 낡은 신문들이 가득하다.

크리시
중고 옷가게 주인이다. 디그비와 한나가 러미지 할아버지의 이야기에 나오는 인물들을 연기할 때 필요한 옷들을 빌려 준다.

새프런
예쁜 천막 밑에 이국적인 향신료 가게를 차려 놓고 냄비와 프라이팬, 허브, 향신료, 기름, 비누, 염료 따위를 판다.

버즈
마을의 온갖 소문을 알고 있다. 목에 건 나무 상자에 사탕과 빵을 담아서 길거리를 돌아다니며 판다.

프루
한나의 가장 친한 친구로 자기만의 생각에 빠질 때가 많다. 특히 분장하고 옷 갈아입는 걸 좋아해서 그런 일이 생기면 졸졸 따라다닌다.

카벙클 대령
고물 지프차의 짐칸에 군복과 훈장, 깃발, 칼, 투구, 포탄, 방독면 따위를 진열해 놓고 판다.

폴록 아저씨
아저씨의 장난감 가게에는 꼭두각시 인형과 흔들 목마, 장난감 비행기, 목각 동물 인형 등이 가득하다. 모두 아저씨가 손수 만든 것들이다.

역사와 교양이 살아 있는 제대로 된 인물 이야기

그레이트 피플

★ 풍부한 역사적 사건과 문화, 예술, 관련 인물이 담긴 **역사 교양책!**
★ 러미지 만물상과 황학동 만물 시장을 배경으로 펼쳐지는 재미있는 **캐릭터 동화!**
★ 인물의 업적 뿐 아니라 진솔한 인간적 모습, 가치까지 전하는 **제대로 된 인물이야기!**
★ 시대상을 보여주고 이해력을 돕는, 사진과 그림이 풍부한 **지식 정보 그림책!**

1 레오나르도 다빈치의 팔레트 • 2 마틴 루서 킹의 마이크 • 3 클레오파트라의 동전 • 4 콜럼버스의 지도 • 5 모차르트의 가발 • 6 닐 암스트롱의 월석
7 마르코 폴로의 비단 지갑 • 8 셰익스피어의 깃털 펜 • 9 시팅 불의 손도끼 • 10 나폴레옹의 모자 • 11 알렉산더 대왕의 시집 • 12 갈릴레이의 망원경
13 간디의 안경 • 14 율리우스 카이사르의 샌들 • 15 스콧 선장의 스키 • 16 라이트 형제의 글라이더 • 17 바르바로사의 보물 상자 • 18 마더 테레사의 자선냄비
19 쿡 선장의 부메랑 • 20 빅토리아 여왕의 다이아몬드 • 21 방정환의 잡지 • 22 스티브 잡스의 컴퓨터 • 23 넬슨 만델라의 바지 • 24 나비박사 석주명의 포충망
25 신사임당의 쟁반 • 26 김수환 추기경의 탁상시계 • 27 세종 대왕의 목욕 수건 • 28 백남준의 텔레비전 • 29 장영실의 해시계 • 30 허준의 약탕기
31 정약용의 편지 • 32 김홍도의 물감 • 33 반기문의 영어 잡지 • 34 이중섭의 은종이 그림 • 35 정조의 밥상 • 36 김만덕의 가마솥 • 37 유관순의 태극기
38 안중근의 권총 • 39 장보고의 청자 찻잔 • 40 안창호의 여권 • 41 이순신의 거북선 설계도 • 42 김정호의 지도표 • 43 유일한의 빈 통장 • 44 마리 퀴리의 웨딩드레스
45 이태영 변호사의 낡은 가위 • 46 이회영의 난초화 • 47 윤이상의 몽당연필 • 48 바보 의사 장기려의 청진기 • 49 김대중의 아잘리아 화분 • 50 권정생의 호롱